Als ein schweres Gewitter über die sumpfigen Everglades tobte, schwemmte das Hochwasser zwei Eier aus ihren Nestern. Sie trieben den Fluss hinunter und landeten im weichen Ufergras des Seerosenteiches. Dort schlüpften daraus ein Alligatorenbaby und ein Reiherjunges. So kam es, dass der kleine Alligator Piks und der junge Reiher Pikser als Brüder im Zypressenwald aufwuchsen.

Piks und Pikser
Rettet den Sumpf

Originaltext von Mary Packard
Illustrationen nach Charakteren von Lisa McCue
Übersetzung von Uwe Müller

PESTALOZZI-VERLAG, ERLANGEN

Es war ein heller, sonniger Morgen im Zypressenwald, als Ota Schwarznase, das Fischottermädchen, eine riesige Schlammrutsche am Ufer des Seerosenteiches baute. Aber sie hatte nicht viel Freude dabei, denn ihre Familie musste umziehen. Morgen um diese Zeit werden sie den Zypressenwald verlassen haben.

Piks, der Alligator, und Pikser, der Reiher, waren auf dem Weg zu Otas Haus, um sich zu verabschieden. Sie vermissten ihre Freundin schon jetzt.

„Ich kann es gar nicht glauben, dass Ota wegzieht", sagte Pikser. „Ich weiß", stimmte Piks zu. „Ohne sie wird hier nichts mehr wie vorher sein."

Als Ota Piks und Pikser sah, reckte sie den Kopf.
„Ich muss bald gehen, aber noch haben wir Zeit zum Spielen", sagte sie. „Guckt mal her!"
Piks und Pikser sahen zu, wie Ota auf ihrem Bauch den Schlammhügel hinunterrutschte und mit einem lauten PLATSCH! ins Wasser tauchte.

Piks rutschte den Schlammhügel auch auf dem Bauch hinunter. Aber Pikser, der Matsch nicht sehr mochte, schwang an einer Schlingpflanze auf den Teich hinaus und sprang hinein.

Als Pikser wieder auftauchte und nach Luft schnappte, baumelte eine Plastiktüte an seinem Schnabel.
„Igitt!", schimpfte er. „Das Wasser ist aber nicht gerade sauber, was?"
„Nicht so sauber, wie es sein sollte", sagte Ota.
Als die drei Freunde das Ufer hinaufkletterten, wurden sie von Herrn und Frau Schwarznase, den Eltern von Ota, erwartet.

„Meine Federn sind verklebt!", rief Pikser.
„Meine Augen brennen", jammerte Piks.
„Das überrascht mich nicht", sagte Herr Schwarznase. „Das Wasser ist sehr schmutzig."
„Das stimmt", erklärte Frau Schwarznase traurig. „Deshalb müssen wir auch umziehen, denn schmutziges Wasser ist sehr ungesund."
„Aber wir werden euch wirklich vermissen", sagte Piks seufzend.

Herr und Frau Schwarznase wussten, dass sie aus dem Zypressenwald wegziehen mussten, auch wenn sie dadurch ihre Freunde verlassen würden.
„Es tut mir Leid", bedauerte Herr Schwarznase. „Wir können nicht anders. Wir Fischotter verbringen unsere meiste Zeit im Wasser – es muss sauber sein oder wir werden krank!"
Dann schnallten sie sich ihre Koffer auf den Rücken und schwammen langsam durch den Seerosenteich davon.

„Tschüs!", rief Ota und winkte ihren Freunden traurig zu.
Die beiden winkten ebenso traurig zurück.
„Ich wünschte, wir könnten irgendetwas tun!", jammerte Piks.
„Lass uns Mora, die Schildkröte, aufsuchen", sagte Pikser. „Vielleicht kann sie helfen."

Mora arbeitete gerade im Garten, als Piks und Pikser zu ihr kamen. „Hallo, Jungs", grüßte sie die beiden. „Warum guckt ihr denn so traurig?"
„Ota Schwarznase ist heute weggezogen", antwortete Piks.
„Stimmt", sagte Mora. „Ich habe gehört, dass die Fischotterfamilie umzieht."

„Sie sind wegen des Wassers weggezogen", sagte Piks. „Es ist nicht sauber genug für sie, um hier länger leben zu können."

„Warum versammeln wir uns nicht alle im Rathaus?", schlug Mora vor. „Ich denke, es ist an der Zeit zu überlegen, was wir wegen des Wassers unternehmen sollen."

„Eine tolle Idee!", rief Pikser. „Ich werde die Rathausglocke läuten."

Pikser läutete die Glocke im Rathausturm und alle kamen angelaufen, um zu sehen, was los ist.
Eine Versammlung im Rathaus bedeutete, dass etwas sehr Wichtiges besprochen werden musste. Deshalb waren alle Tiere ganz neugierig und wollten erfahren, worum es ging.

Mora erklärte ihnen die Probleme mit dem Wasser und alle waren der Meinung, dass es nun an der Zeit sei, im Sumpf gründlich aufzuräumen.

„Wir sollten bis zum Grund des Teiches sehen können", sagte Flia Rosenflaum, das Flamingomädchen.

„Auch die Pflanzen, die am Teichrand wachsen, werden braun und fangen an zu welken", fügte Tala Großzahn, die Biberin, hinzu.

„Es sieht so aus, als ob wir eine Menge Arbeit vor uns hätten", meinte Piks. „Also, lasst uns anfangen."

In der Zwischenzeit hatten die Fischotter ihr neues Haus im Ringelblumensumpf bezogen. Es war ganz hübsch, aber sehr weit vom Zypressenwald entfernt. Überhaupt, es lag weit weg von jeder Siedlung.

„Ich bin so einsam", sagte Ota niedergeschlagen.
„Sei nicht traurig", tröstete ihre Mutter sie. „Wir werden nach anderen Fischottern suchen und bald wirst du wieder Freunde zum Spielen haben. Warte nur ab."

Im Zypressenwald war mittlerweile jeder damit beschäftigt, das Wasser vom Müll zu befreien. Die Froschbrüder Frak und Frok tauchten auf den Grund des Teiches hinab. Jedes Mal, wenn sie wieder heraufkamen, hatten sie die Arme voller Messer, Gabeln, Becher und Teller aus Kunststoff.

„Das haben wir bei unseren Picknicks wohl hier liegen gelassen", sagte Frak.
„Zu blöd, dass wir nicht besser aufgepasst haben", fügte Frok hinzu.
Die beiden Waschbären Tambi und Tambo schwammen im Teich umher und sammelten all die Plastiktüten und das Bonbonpapier ein, das auf dem Wasser trieb.
„Wenn ich das nächste Mal Schokolade esse, werfe ich das Papier bestimmt dorthin, wo es hingehört", erklärte Tambi.
„Ich auch", stimmte Tambo ihr zu.

Flia arbeitete härter als jemals zuvor.
„Ich kann gar nicht glauben, wie schmuddelig einige meiner Nachbarn sind!", rief sie. „Ich werfe meinen gesamten Abfall immer in den Mülleimer."
„Wirklich immer?", fragte Pikser. Er hielt einen benutzten Pinsel hoch, den er soeben im Wasser gefunden hatte. „Der gehört doch dir, oder etwa nicht?"
„Ja", gab Flia kleinlaut zu und ihre Federn wurden dunkelrosa, weil sie sich so schämte. „Ich war wohl doch nicht so ordentlich, wie ich geglaubt hatte."

Aber Flia war nicht als Einzige nachlässig gewesen. Während die Freunde aufräumten, fanden sie im Wasser viele Dinge, die sie irgendwann einmal gedankenlos weggeworfen hatten.

Nachdem der ganze Abfall eingesammelt worden war, half jeder mit, ihn auf Wagen und Schubkarren zu laden. Dann brachten sie alles zur Müllhalde.

„Legt das ganze Zeugs einfach hier hin", sagte Nafi Raffzahn, die Ratte. Er freute sich immer, wenn neuer Abfall dazukam. Dann konnte er ihn sortieren und alles in die richtigen Tonnen füllen, damit es wieder verwertet wurde.

Am nächsten Tag half jeder mit, die alten und welken Pflanzen zu beschneiden, damit sie wieder gesund und kräftig weiterwachsen konnten.

Nachdem das große Reinemachen beendet war, bemerkte Piks, dass das Wasser immer noch nicht richtig sauber aussah.
„Warte, bis es ein paar Mal geregnet hat", sagte Mora zu ihm.
Und tatsächlich, nach einigen Wochen und ein paar kräftigen Regenschauern war das Wasser schon viel sauberer. Die Pflanzen wurden wieder grün und sogar die Blumen begannen zu blühen.

„Das haben wir gut gemacht, nicht wahr?", fragte Piks und bewunderte die duftenden Blumen. „Wünscht ihr euch nicht, dass Herr und Frau Schwarznase jetzt ihr Zuhause sehen könnten?"
„Das wünsche ich mir wirklich", antwortete Mora. „In der Tat, ich finde, es ist Zeit, die Fischotter zu suchen und sie zu fragen, ob sie nicht in den Zypressenwald zurückkehren möchten."
„Das ist eine großartige Idee!", rief Pikser. „Ich werde sie suchen!"

Pikser suchte und suchte. Er flog über den Moorgrashügel, den Krebsbach und den Moossumpf. Bis zum Ringelblumensumpf musste Pikser fliegen, bevor er schließlich Familie Schwarznase fand.
„Da sind sie ja endlich!", sagte er zu sich.

„Ich habe tolle Neuigkeiten!", erklärte er der erstaunten Fischotter-familie. „Nachdem ihr weggegangen seid, haben wir alle hart gearbeitet, damit das Wasser wieder ganz sauber wird. Möchtet ihr nicht zurückkommen und euch selbst davon überzeugen?"
„Können wir?", fragte Ota ihre Eltern.
Herr Schwarznase sah seine Frau an.
„In Ordnung", sagte sie. „Wir vermissen unser altes Haus auch."

Die Fischotter packten ihre Sachen und machten sich auf den langen Weg zurück in den Zypressenwald. Pikser flog schon voraus, um die gute Nachricht zu verbreiten.

Daraufhin wurden alle Nachbarn ganz fleißig. Sie putzten und schrubbten das Haus der Familie Schwarznase, bis alles glänzte. Dann schmückten sie es noch mit einem riesigen Strauß Wiesenblumen. Sie befestigten sogar ein großes Schild „Willkommen daheim!".

Als Ota und ihre Eltern im Zypressenwald ankamen, wurden sie schon von allen erwartet.

„Oh, seht mal, wie sauber das Wasser ist!", rief Ota glücklich.

„Das ist wahr", stimmte Piks ihr zu. „Und wir haben gelernt, dass es viel leichter ist, Abfall in die Mülltonne und nicht ins Wasser zu werfen als nachher alles sauber zu machen."

„Können wir jetzt spielen gehen?", fragte Ota.
„Geht ruhig", sagte ihre Mutter. „Es ist wirklich schön, wieder zu Hause zu sein!"

Lass uns darüber sprechen ...

Das Wasser im Zypressenwald war verschmutzt. Deshalb beschlossen Piks und Pikser und alle ihre Freunde während einer Ratsversammlung, gemeinsam das Wasser wieder zu säubern.

Stell dir vor, jeder auf der Welt würde mithelfen, das Problem der Wasserverschmutzung zu lösen. Tatsächlich versucht man in einigen Staaten, das möglich zu machen. Ihre Vertreter haben sich getroffen und wollen auch zukünftig besprechen, wie man das Wasser überall auf der Erde wieder sauber machen kann.

Man muss aber kein Staatsmann sein, um etwas gegen die Wasserverschmutzung zu unternehmen. Der vierzehn Jahre alte Kevin Bell aus Nevada in den USA bemerkte, dass die Vögel und Fische in dem nahe gelegenen Feuchtgebiet starben. Er brachte ein Gruppe von Leuten zusammen, die das verschmutzte Wasser gegen sauberes austauschten.

Auch Menschen, die nicht in der Nähe von Feuchtgebieten, Flüssen, Teichen oder Bächen wohnen, können das Wasser vor Verschmutzung bewahren. Wusstest du, dass man im Erdboden auf Wasser stößt, wenn man nur tief genug gräbt? Viele Menschen sind von diesem Grundwasser abhängig, weil sie es trinken. Da die Erde wie ein Schwamm arbeitet und alles aufsaugt, was auf sie fällt, dürfen wir nichts wegwerfen oder wegschütten, was das kostbare Trinkwasser gefährdet. Ein klein wenig Farbe oder Öl kann beispielsweise viele Liter Grundwasser verunreinigen.

Vielleicht möchtest du und ein paar deiner Freunde etwas gegen die Wasserverschmutzung in eurer Gegend tun. Bittet einen Erwachsenen um Rat. Wenn wir alle zusammenarbeiten, dann wird unser Wasser in Zukunft für alle Menschen sauber und gut sein.

Wo leben diese Tiere?

Sieh dir die Bilder unten an. Zeige auf die vier Tiere, die im Wasser leben, und benenne sie. Zeige nun auf die vier Tiere, die an Land leben. Zum Schluss zeige auf die vier Tiere, die abwechselnd an Land und im Wasser leben. All diese Tiere brauchen sauberes Wasser, um leben zu können.

im Wasser: Krake, Fisch, Wal, Hummer
an Land: Katze, Kuh, Huhn, Giraffe
im Wasser und an Land: Frosch, Salamander, Walross, Seehund